禪

宗博志業

1983-2013　靈鷲山教育院/彙編

靈鷲山30週年山誌
Ling Jiou Mountain 30th Anniversary Edition

序

全球化的巨輪不斷地向前滾動，古往今來的歲月流轉輝映出不同的時代面貌。初上靈鷲山至今，已經是三十年的光陰了。

回首三十年來的歲月，靈鷲山能夠從無到有，自微而壯，以禪立宗，以心傳心，弘揚佛陀無上微妙法義於當代娑婆，賡續祖師珠璣法教宗風於四眾學子，並承繼太虛大師和虛雲法師的禪行志業。都要感謝諸佛菩薩的慈悲加被，以及所有善信大德的護持擁戴。在大家的共同發心努力下，方能譜下一段段用汗水辛勤播種、用正念面對橫逆、用願力成就一切的靈鷲山故事。

早年我因為閉關往返於宜蘭臺北之間，看到東北角的地理氣場，我感到這裡似乎有一大緣起的道場，後來因緣際會踏上這一片土地，讓我可以度過危險的斷食關，雖然眼前是一片荒蕪叢林，但靈氣十足，度眾的緣起也打開了。秉持著修行人對諸佛菩薩的使命傳承，以及對眾生關懷護念而來的無盡願力，讓我和十方善信弟子，毅然在此開墾生根。大家從零開始，齊心協力，披荊斬棘，一步步地把這一片杳無人跡的荒山，打造成佛子往來不絕的人間佛土。從祖師殿到華藏海，一石一瓦寫下靈鷲人共同的記憶；從多羅觀音到毗盧觀音的交流，串聯靈鷲山與南海觀音道場的一脈相承；而從靈鷲山總本山禪堂到全球禪修中心的延伸，更是勾勒華嚴聖山計畫的藍圖座標。

我是一個觀音法門的行者，這三十年來的修行弘法，願力就是關鍵，這份願力源自於禪的體悟，也得以舒展因緣而呈現出華嚴的志業，總攝是觀音的教化啟示，觀音的示現都是時代所需的啟動。禪修，讓我透澈無常生滅背後的生命實相，並體悟到生命之間彼此是一個相互關聯的共同體。成立道場以來，我們以「慈悲與禪」作為宗風，引導大眾從心的修持觀照中轉化出關懷濟世的菩提願心，並以此利生度化，終而成就共生圓融，多元和諧的華嚴淨土，這是行願貫徹的自然展現。

　　從一個人的體悟逐漸善緣具足，籌組護法會、成立各基金會，推動禪修、法會、朝聖、生命關懷來連結大眾的生活實踐。隨著開山的緣起流轉，創辦世界宗教博物館是一個重要里程碑，宗博宣揚「尊重、包容、博愛」理念，因應時代的挑戰與衝擊，促進國際間宗教對話與交流合作，共築「愛與和平，地球一家」的願景，這樣的特殊志業帶動了社會的生命教育，也把禪修內修的身心鍛鍊變成人人可以當下修行的「平安禪」，更進而擴大為「寧靜運動」，為五濁世間灌入禪修清靜祥和能量。這些循環連結點點滴滴的美好記憶，今後也將持續不懈地進行下去。

　　宗教修持以身教為主，教育是僧信循環的根本，僧信就是師徒教育，就是做聖凡的轉換機制，我將自己的修學歷程和禪修體證融會到佛陀的教育，歸納為僧信四期教育體系，希望從最初僧格養成的「阿含期」到最終培養住持導師的「華嚴期」，次第教導，培育更多佛門龍象從事弘法度眾的志業，從僧眾到居士幹部都歸同一核心修持。落實個人實踐「工作即修行，生活即福田」的生活禪理念，體認「生命服務生命、生命奉獻生命」的真諦，貫串到僧信循環，這樣具足生命關懷與回歸靈性的教育，就是生命和平大學的基本盤，進而還要以這樣的教育平臺來回應時代發展，培養覺醒生命的「愛與和平」種子，從心的和平延伸成整個世界的和平。

　　經過三十年的風雨陰晴，我們要更省視並確定自己的腳步，以此「立禪風、傳心燈」，把這份心的見證作為傳承法脈的基因，持續努力灌溉慈悲的遍滿，變成生命和平大學。讓我們持續串聯無數的三十年，來創造「華嚴聖山」無盡圓融。這是我的願力，也是這個時代的需要。

靈鷲山佛教教團
開山和尚

1983-2013
靈鷲山30週年山誌
宗博志業篇

目錄

壹、緒論：宗博館十年有成

二〇一一年十一月九日，一個下雨且略帶寒意的晚上，數千人齊集聚在臺北國際會議中心。十年前，因為他們的奉獻與付出，讓大眾得以見證到世界宗教博物館（簡稱宗博館、宗博）開館時的歷史時刻；十年後，他們再度聚首，見證宗博館走過十年歲月的成就、努力與喜悅。所有的感動、記憶與信念，伴隨著宗博館創辦人心道法師的致詞流曳而出：

「宗博館籌備十年加上開館十年，這二十多年，我們長養了一代人，鋪墊出和諧與愛的生命能量。

宗博館入口處高懸『百千法門，同歸方寸』，『心』是萬法之源，透過大家的發心支持，以『一人一百元蓋宗博』見證了積沙成塔力量的可貴，感恩所有跟隨、參與、陪伴這項志業誕生、成長的護持者，以及遍及全球各界的好朋友，大家用生命點滴相互輝映，來成就這個傳世不朽的成果。

期待以宗博館作為一個平臺，繼續提供社會大眾一個宗教藝術、靈性對話以及宗教合作的最好平臺。讓世界和諧、地球平安。」

短短的一段話，道盡了宗博館籌建時的艱苦和團結，說明了宗博館的價值與信念，更傳遞了宗博館的願景與使命。一個作品之所以偉大，往往不在其氣勢之雄偉，表現之輝煌，或是做工之細膩，而在於它能否承載那個時代所欲保留或彰顯的精神與價值，並在經過歷史的洗禮與淬

百千法門　同歸方寸

The doors to Goodness, Wisdom and Compassion are opened
by keys of the heart.

宗博館入口處

鍊後，依舊完整且全面的保存後世對一個時代的記憶與印象。宗博館所欲帶給後人的，就是這個時代我們所欲推動和達到的理想與價值，讓「尊重、包容、博愛」的理念亙久長存，讓「心和平，世界就和平」的典範永為後人訴說。

　　佛家講究緣起，宗博館之所以誕生於當代，緣起於這個時代，有一個窮和尚，通過禪的修行和實踐，體悟到「尊重、包容、博愛」是創造和平的不二法門，因此他帶領一群人，在對和平的期待下，希冀通過宗教的力量，讓「愛與和平地球家」的實踐不再是人類遙不可及的夢想，而宗博館就是他以及他的追隨者和呼應者推動和落實和平理想的重要載體。

心和平世界就和平

戊子　心道

心和平世界就和平
心道法師墨寶

貳、宗博館的籌備到落成

一、創辦人的理念

　　作為一個自幼飽經戰火洗禮，看遍了戰爭帶來的種種不幸與悲劇的禪師，心道法師的內心從小就對和平有著深層的思考與渴望。他在面對世界各地層出不窮的衝突、動亂與爭端時，他思索著：

　　「難道人類就沒辦法以更為和平的方式，來解決衝突與矛盾嗎？原因在哪裡？該如何面對？具體地如何做？才能有效地讓人們身心安頓下來呢？」

　　而在思考衝突如何轉換成和平的同時，心道法師也注意到，當代人在面對科技文明不斷進步的同時，看似光鮮亮麗、衣食豐足的生活背後，隱含的卻是對生活生命的追逐、茫然和無所適從，人們迷失在各種成就、慾望、比較的假象中無法自拔，讓自己的身、心、靈都變得愈來愈不平靜，看似最好的年代卻帶來最深沉的墮落！影響所及，人類生存的環境也因為人心的貪婪、暴力所帶來對生態和環境的無止盡破壞而造成惡化、反撲，使得暴雨、乾旱、地震等氣候異常以及環境惡化的情況不斷出現且加劇，造成整體人類有史以來最嚴重的生存危機。

　　面對上述種種問題，心道法師認為，這是因為人心的不寧靜、不和平所導致的。人心的不和平，讓人和自己、人和他人、人和自然之間都產生了相當緊張的矛盾對立關係，而所有的衝突、紛爭、對立都由此而來，因此，他認

為必須要從人心下手，而宗教可以在這部分扮演一個相當重要的角色，這也是宗教無可迴避的時代責任。

然而，不同宗教因為文化、教義的差異或是因應地區發展的需要，在歷史上也產生過許多對立、衝突，這使得原本應該擔任人類心靈和平引導和守護者角色的宗教，反而成為挑起人類對立衝突的原因之一，這是相當可惜的。心道法師認為：

「如何讓人類都能獲得宗教的利益，放下分別心，互相學習、各得其所？這必須要靠宗教精神，也就是互相尊重，共同來博愛生命，推動愛與和平，保護環境。若是能使宗教團結起來、減少衝突，就能減少殺戮、戰爭。」

創辦人心道法師

所以他認為宗教間如果能夠和平、理性的溝通，相互瞭解、尊重，以對世人共同的愛與關懷來化解彼此的歧見，建立良好的溝通互動模式，合作來促進全人類的福祉，那宗教就可以成為引領人心生活向上提升的動力，並

集無數人的願力與奉獻創建了世界宗教博物館，創辦人心道法師於感恩紀念牆前感念功德主。

且成為推動愛與和平地球一家的重要力量。

有鑑於此，心道法師開始思考如何通過宗教重新讓人向自己的心靈復歸，並且如何讓宗教間通過交流溝通的方式來消弭彼此因為誤解、封閉所引發的種種對立衝突。這時候，一個讓所有人都能接觸、認識宗教，並且所有宗教能夠以它為交流溝通的互動平臺的世界宗教博物館的觀念就由此產生。

或許有人會好奇，心道法師作為一個佛教禪師，為什麼不是從佛教的觀點出發蓋佛教博物館，卻是要蓋一個世界宗教博物館？從這裡，其實就可以見到心道法師的修行慈悲和願力。一方面，他認為每個人對應宗教的契機不同，重點是讓人能夠感受到宗教撫慰和關懷人心的力量而非拘泥於宗教門派，宗博館的目的即是讓人認識和接觸不同信仰並由此找到適合自己的宗教。心道法師曾經對大眾說過籌備宗博館的意義：

「籌建世界宗教博物館的工作，正如同佛教觀世音菩薩〈普門品〉所云：應以何身得度者，即現何身而為說法。這是一個普門示現、利益眾生的志業，值得我們用整個生命去奉獻、去服務。」

　　這種「普門示現、應機化身」的度世想法，顯現心道法師有著與觀世音菩薩相應的慈悲願力。而另一方面，則來自其禪師的修為以及胸懷，讓其充分體會到最殊勝圓融的華嚴法界的精神。也因此，心道法師提到：

　　「《華嚴經》裡的華嚴世界，也沒分什麼宗教不宗教，它就是一個智慧的境界。善財童子五十三參，所參訪的善知識，並非每個都是佛教徒；凡是正信的宗教，無不教人為善，與人為善，這正是純一智慧的境界展現，也正呼應華嚴帝網珠玉的概念。行菩薩道也正是如此，要能打破自我的設限，為社會國家甚至是全人類貢獻出一己之力。」

　　這種由對人類的真心關懷流露出來的生命體悟，讓他在日後對宗博館下了一個充滿禪師智慧的註腳：「宗博這項志業，是禪的生命，也是華嚴的體現。」

二、籌備初期的諮詢、參訪與啟動

要建立一個博物館，從硬體的規劃設計建造到軟體的理念創造開發，或是各宗教文物的研究與蒐集，無一不是陌生的領域，也無一不是難題，這些事困擾但也考驗著心道法師和他的弟子們的決心，向外尋找資源和援助成為首要之事。

其實，當時心道法師與弟子們一同發想著以「博物館」的形式來呈現，就是與包括學術界、藝文界、宗教界、博物館界等各個不同領域專家菁英相互腦力激盪的結果。博物館一方面可舉辦各宗教文物展覽，透過對文物的觀賞和解說將各宗教的內涵灌輸到人們的腦海中，讓人們更瞭解宗教實相；另一方面，還可舉辦各式活動，如教育研習、學術研討會、宗教交流對話等等。這些不但可以成為通過宗教展示與活動宣揚「愛與和平」的教育方式，也是讓人們學習到面對自我的生命教育的絕佳場域，可說是一舉數得。在心道法師的想法裡：世界宗教博物館是能將大英博物館與迪士尼樂園的元素都加在一起，讓人既有知識文化的深度，又能在輕鬆愉快的氣氛下寓教於樂地學習。希望這所博物館能夠貼近人們心靈，帶領大家一同來學習「愛與和平」的理念，實踐「尊重、包容、博愛」的精神。

也因此，當時心道法師一行人拜訪過許多宗教學、博物館界的先進，通過諮詢會議、規劃委員會的形式，向他們請益宗博籌備方面的專業意見。學界如中研院院士李亦園教授、陸達誠教授、李豐楙教授、董芳苑教授、林保

堯教授、王綠寶博士；博物館界如江韶瑩教授、呂理政先生、陳國寧教授、漢寶德教授、張譽騰博士、秦裕傑先生、周肇基博士、高振華先生、黃淑芳博士等飽學耆宿，都給予相當寶貴的意見。而當心道法師在拜訪時任故宮博物院研究員的李玉珉當時給了一個意味深遠而且充滿睿智的問題：「故宮有翠玉白菜，宗博館有什麼？」這個問題其實也點出了什麼是宗博館的核心？宗博館應該如何在世人面前營造出屬於自己的特色？

上圖為「世界宗教博物館規劃之方向」專題座談會。
下圖，由右至左依序為李亦園院士、江韶瑩教授、呂理政先生、蔡信夫教授。

　　當然也有人對這件工程之浩大報以相當不樂觀的看法，對於心道法師要創建一座「世界級的世界宗教博物館」，有許多人都認為這工程太大，理想太高，宗教對話實務整合太難，想建館又沒錢、沒地、沒專業人才。心道法師自嘲說：「當時甚至連弟子們都認為這難度太高，簡直是窮和尚發大願。」但由於這是利益大眾的事情，心道法師認為：「只要是對的，去做就對了！」再加上國際上也有許多宗教界、博物館界、藝文界人士贊同心道法師理念，並認為這是一件非常偉大、了不起的事，紛紛表示願意提供協助，共同來完成，這便大大地增強了眾人的信心。也因為如此，立馬便著手邀請專家、學者共同討論、發想，同時間也參訪海內外各大博物館，以尋求設計靈感，並展開實際行動。

三、籌建啟動與經費籌措

　　從一九八九年提出成立世界宗教博物館的概念後，除了四處請益和參訪外，在組織建制上的工作也積極進行。一九九一年成立「靈鷲山世界宗教博物館資訊籌備中心」，為籌備蒐集各宗教與博物館的各項相關資料。一九九三年先成立「世界宗教博物館籌備處」，並於隔年成立「財團法人世界宗教博物館發展基金會」，由了意法師擔任執行長，並委請江韶瑩教授擔任執行顧問，積極為博物館的典藏、研究、展示、經營等計畫招募人才，並成立小組。由此宗博館的籌建組織制度已趨健全，也宣示了籌建的決心。了意法師在日後回憶說當時的他是信心滿滿地告訴自己：「我已發菩提心，我所做是為利益眾生，相信無私的緣起，必是菩薩所行，必能圓成佛道。」

　　與此同時，籌備宗博館所需的經費也積極進行籌措。靈鷲山護法會於一九九一年發起「每月百元建宗博」的活動，積沙成塔，共同來建立宗博館。但是護法會都是佛教的信眾，要如何來向社會大眾勸募呢？心道法師提出了他的理念：

　　「建宗博館就是我們實踐菩薩道的起點，許多修行、福田都在這裡頭，這是一個輔導工作，能讓全球成為一個大家庭，這值得我們為眾生來奉獻、服務、犧牲、付出，並且堅持去做。

　　博物館的心胸是尊重包容萬物，佛法講究慈悲喜捨，就是如此。信徒從親近佛法感受到喜悅，藉由推動博物

館，把這份快樂傳遞給別人，所以護法委員募款其實在其次，重要的是藉此親近眾生的痛苦，去關懷他們，做心理輔導。

募款是植福造福，是廣結善緣的一種方式。假如信徒整天募款，募得精疲力盡，那就算募得再多的錢也沒有意義。其實用心不是在募款，而是在教育，讓大家互相關懷、創造好的關係。布施就是一種方法。雖然社會大眾不容易認同，但其實世界宗教博物館就是在為大眾找一個心靈的家，是心靈的詮釋者。」

心道法師這些觀點點醒了大家，不僅為大眾釋疑，也鼓舞了大眾，讓大家知道自己是走在實踐菩薩道的路上，重點不在於款項的大小，而是透過與人的接觸中，學習到尊重、包容的精神與關心到眾生的苦楚。因此，雖然一路

一九九四年於臺北體專體育館舉辦「以愛拯救地球」義賣演唱會。

走來篳路藍縷，挫折很多，但是大家都能堅持不懈、發心護持，就如同鄭阿善師姐說：「剛開始大家都不知道什麼是宗博館，只知道它將會是一個利益大眾的心靈館。於是就很有耐心地去勸募，讓大家有機會來布施做功德，積累福報。」呂碧雪師姐也說：「剛開始勸募時，沒什麼人知道靈鷲山，因此很難做勸募的工作。但師父說：我們勸募的心態要像刻冰雕一樣，雖然知道成果不會永遠留存，但重點在於過程，要像做藝術品一般地專心致志。」

在大眾齊心戮力為這個利益眾生的曠世志業努力的過程中，也留下了許多感人的小故事。像是一位早餐店的店員，一天不過七、八百塊錢收入，卻捐出了百萬存款；有位清潔工還兼差送報，就是為了捐出更多的薪酬；還有拾荒者捐出變賣紙箱、保特瓶的錢；不識字的師姐努力地向

人訴說宗博館的志業來進行勸募……等，這都顯示靈鷲人是如何的以實踐的行動來落實心道法師的教法和護持心道法師的志業。

除了內部的募款之外，也連結社會大眾的力量一起來響應，護法會在一九九四年在臺北體專體育館舉辦「以愛拯救地球義賣演唱會」，邀請張小燕小姐主持，獲得各界熱烈響應，此次義賣共募得籌建基金三千萬元。而一九九五年的「為宗博而跑」全國巡迴活動，參加者達一萬二千多人，也連結了許多各界名流和

心道法師與參加路跑活動的人士合影。

菁英參與響應，這些都為宗博籌備建館的捐款發揮不容小覷的力量。

事後回想起來，在籌備之初，要錢沒錢，要地沒地，雖有理念卻有不知如何具體實踐等問題，不可思議的是：諸多困難，幾乎都恰巧在一九九四年開始的兩、三年內

一九九五年於全臺各地舉辦「為宗博而跑」巡迴路跑活動

宗博動土大典活動表演

一一迎刃而解。這正是「有志者事竟成」的最佳寫照，也
像佛教中「兩個和尚取經」的故事一樣，一個是光籌備而
遲遲沒有出發，另一個是啥也沒有，先出發了再說。等到
十年後，先出發的和尚已經取經回來，而籌備的卻始終都
還在籌備中。冥冥之中，似有貴人相助，也應驗了心道法
師所說的話：「**對的事就去做。**」

　　宗博館之所以座落在現址永和，也是一個奇妙的因
緣。一九九四年，心道法師透過當時護法會臺北分會副會
長吳家駒先生的介紹，認識了其同窗好友東家機構邱澤東
先生，當時邱先生在永和地區興建一間大型的住商辦綜合
大樓，恰遇喪妻之痛，深感人生無常，適逢吳先生引薦心
道法師予以開導，在佩服心道法師度世胸襟之餘，並感念
心道法師開示之恩，於是慨然捐出該棟大樓的六、七樓約
兩千坪的空間作為宗博館館址。邱先生的慨然發心，讓宗
博館的工程能於一九九五年舉行正式動土大典，建館理想
的實踐又向前邁進了一大步。

四、設計理念的發想與落實

經費和土地都已經上了軌道。這時需要面對的，便是最根本的也是最重要的宗博館的主體建設以及設計規劃的問題，換言之，就是要積極尋找建館的人才。於是在國內博物館專家顧問的指導下，組成宗博的評審委員團，包括前美國寬容博物館館長Dr. Gerald Margolis、英國聖蒙哥宗教生活與藝術博物館研究員Dr. Mark O'Niel、張譽騰博士、黃淑芳博士，以及江韶瑩、呂理政兩位顧問，最後在三百多家國際徵選設計公司徵求書中，選出英國3D Concept公司。然而，由於文化隔閡的阻力，使得3D Concept公司無法具體闡釋心道法師的理念，半年後便結束雙方的合作關係。

這次合作的失利讓宗博館的籌備工作蒙上了陰影，一些研究和工作人員因此認為籌建希望渺茫而掛冠求去，而此時又有一些流言蜚語出現，認為宗博館的籌建無望，籌建應該另謀他途云云，更使得籌備工作的推動雪上加霜，籌備處士氣低迷不已。但心道法師與弟子們並沒有因此而忘失利益大眾的菩提心願，他們不受此次失利的影響，反而更加激勵大眾，重新尋求新的出發點。

真正讓宗博館的建設露出曙光是從與RAA展示設計公司（Ralph Appelbaum Associates Incorporated）合作開始。RAA設計過包括華盛頓特區浩劫博物館等傑出的作品，該公司負責人奧若夫·愛普邦（Ralph Appelbaum）是一位思想活躍且聰明絕頂的設計者。一九九七年了意法師率領籌備處的規劃小組成員林明美、賴貞如、范敏真三人以及江韶瑩顧問赴美考察RAA的作品，並展開與RAA的

合作洽談。奧若夫則組成專門團隊來負責宗博館的案子，包括華盛頓特區浩劫博物館專案經理伍戴碧女士（Deborah Wolff）、專案設計師何莉莎女士（Elizabeth Cannel）、張詩平先生（Simon Chang）、王德怡小姐（Joyce Wang）。於是，宗博館基金會執行長了意法師率領籌備處同仁，與RAA公司進行長達一年的洽談，在充分說明宗博館需要的展示設計和呈現的精神後，雙方才正式簽署合約。這時已經是一九九八年了。

然而，儘管RAA具有相當專業的設計理念與人才，但是他們在宗教內涵上的認知並非所長，因此其所提出的研究方案都被籌備處委請的評審所否定，因為必須搭配具有扎實研究基礎的宗教展示方式，才可能呈現出心道法師構想的宗博館理念。這時，哈佛大學蘇利文（Lawrence E. Sullivan）教授的適時加入，為宗博館的建設帶來決定性的突破。

與哈佛大學世界宗教研究中心主任蘇利文教授、國際展示設計公司RAA等討論博物館展示內容呈現。

　　蘇利文教授與心道法師結緣於一九九四年，那年心道法師前往哈佛演講而結識了蘇利文，而在一九九五年年底，宗博館動土大典時蘇利文教授亦主動來臺表示關切，就是這樣不可思議的因緣，將心道法師、奧若夫、蘇利文這三個看似毫無交集的平行線交織在一起，也交織出宗博館的希望與未來。

　　蘇利文教授經由不斷地溝通對話與反覆思考以求充分瞭解心道法師的理念後，由此激盪出「六顆寶石」的概念作為宗博館整體的呈現規劃：

　　一、反射的能力（Reflexivity）：華嚴光光相照、重重無盡的理念，正表示出各宗教智慧的多元樣貌，激發、引導著人們的心靈。而展示文物也正表現出各時空文化背景下，反映出來的心靈智慧樣貌。

　　二、觀（Seeing）：藉宗教器物的神聖性，啟發觀眾多層次的「觀」照，並融入內心消弭人我界限，達到讓人反觀自心的目的。

　　三、時間的流逝（Passing Time）：透過各宗教宇宙觀、歷史上演進及生命宗教經驗，展現出時間流逝的三個層次，讓人透過宗教的演化和時間觀念，理解人在歷史洪流中應該如何自省、自處的問題。

　　四、行走（Walking）：既是朝聖，也是追尋真理。藉由參觀的「行走」活動，來體驗各宗教的智慧與精髓。這樣的「行走」包含肉體和精神兩個層面的意涵。

五、辯證（Dialectic）：透過善惡、神人、陰陽等相對概念，呈現出華嚴世界絕諸對待的圓融無礙觀。強調所有的概念都是相互依托、相互證成的，破除人們內心的偏執。

六、特殊的能力（Enchantment）：除了視覺上的震撼外，更透過聽覺——聲音來傳達宗教安定、療癒人心的能量。此即是各宗教表達或引發的聲音，如禱告、誦經等，這些聲音可以刺激人去反思自我的心靈，讓宗教神聖與自我心靈互動。

之所以會定義成「六顆寶石」，是因為奧若夫在最初與心道法師談論宗博館的內部設計時，曾以「一個大石頭和幾個小石頭應該如何擺放」的譬喻，來表示必須先選定主軸（大石頭），再依序填入細項（小石頭），然而奧若夫雖然瞭解這一點卻礙於對宗教內涵的研究而無法深入呈現細項。而蘇利文加入後也贊成此點，但是他認為屬於宗博館的石頭應該是「寶石」，雖微小卻光彩紛呈，這個寶石應該符合心道法師的理念，符合世界宗教的共通主題，再搭配館內建築設計的呈現，讓人在觀賞時不自覺地經歷到意識的轉換。「六顆寶石」即是在這樣的構思下，開展出六個主題來作為詮釋和貫穿心道法師思想與世界宗教共通內涵的基礎。透過這「六顆寶石」的交互映照，呈現出宗博館各處展示所欲呈現的宗教內涵與精神。「六顆寶石」不僅僅通過傳統博物館式的文物展演，更結合高科技等現代技術，以影片、互動螢幕、電腦設備等多樣化的呈現模式，交互呼應出一個立體的宗教精神體驗。

　　心道法師和蘇利文、奧若夫形成了宗博館籌建的鐵三角。每當心道法師有新想法時，都能夠透過蘇利文來做出宗教意義上的延伸，將其具體化、具象化，並由奧若夫當場畫出呈現設計圖，將原本抽象的概念思維，化作具體演繹的心靈藝術創作。宗博館的具體展現，可說是空前的藝術創作，不僅僅是宗教文物的展現，實際上更跳脫了文物本身，而呈現出一種宗教心靈交流對話的模式，呈現出宗博館的迷人特色。心道法師的理念、RAA公司的藝術設計、蘇利文教授的哈佛大學研究團隊，就在這三方智慧的相互激盪之下，「世界宗教博物館」的興建工程如火如荼展開。

宗博館展示設計簡報會，心道法師、蘇利文（左）與奧若夫（右）。

五、展品的確定與工程的進行

　　除建館問題外，宗教展品的蒐集以及「世界宗教」的內涵應該如何界定，也是相當重要的問題。經過許多顧問、專家和學者縝密詳實的討論後，最後以「歷史悠久、影響最鉅、信仰人口眾多」為主要考量點，選出世界八種主要宗教：佛教、基督宗教、道教、伊斯蘭教、印度教、猶太教、神道教、錫克教，以及另外兩種包括原始宗教（如原住民宗教等）、古老宗教（如埃及、美索不達米亞等地的失傳宗教等），歸納出全球十大宗教作為宗博館內「世界宗教」的內涵。而館藏文物的蒐集，則在江韶瑩、呂理政兩顧問的指導下，與多位博物館界的顧問委員們制定典藏政策，有目標的進藏文物。至於館藏擺設、展示等各項細節問題，也都由工作團隊委請專家做妥善的處置。

　　籌備期間，在各宗教的資料提供、審核和校對上，也獲得相關學者專家顧問的支持協助，像是道教方面李豐楙教授親自參與考據、審定和校對資料，他也提供自身收藏的道教文物供館方展覽使用；李玉珉教授和陳清香教授則在佛教藝術方面給了很多寶貴建議；基督宗教則是董芳苑教授、黃懷秋教授給了很多指導與協助；印度教是林煌洲教授、穆克紀老師、國際奎師那意識協會提供研究資料。其他各宗教像是伊斯蘭教則獲得臺北清真大寺、阿拉伯在臺辦事處、世界回教聯盟的援助；猶太教方面以色列駐臺辦事處、臺灣猶太會堂Einhorn長老等提供了相關影像和諮詢；古老宗教和原始宗教則邀請波士頓大學Elenor Harrison教授幫忙協調借展文物和資料撰寫等等。許多專家顧問的投入幫忙，讓宗博館在宗教的展示具備了正確性。

　　而館內各宗教的多媒體資料，也請到文壇名家高信疆、張香華等人為展示文字潤稿，以期讓觀眾欣賞到優美的文字，激發心靈感動。另外也聘請知名詩人作家羅智成為「生命之旅廳」由初生到死亡提供每一生命階段的詩句，歌詠、禮讚生命的美好。

　　還有許多國內博物館先進們，如國立歷史博物館、高雄美術館、國立故宮博物院、鴻禧美術館、順益原住民博物館、國立自然科學博物館、國立科學工藝博物館等，提供籌備處許多寶貴的博物館經驗，對於一個私立館舍不吝專業分享，也讓我們感受到博物館文化與教育傳承的使命。

　　攝影家李信男先生長年跟隨心道法師，進行影像紀錄，提供許多精美的圖文。中華民國宗教與和平協進會、天主教臺灣地區主教團馬天賜神父，協助館方許多跨宗教交流。在諸多先進們熱誠貢獻下，宗博館才有各方專業智慧匯集，成就一座傳達「尊重、包容、博愛」精神的和平殿堂。

　　最後，便是工程的進行，二○○○年是宗博館工程最為關鍵的一年，由王春華、王維國、顯月法師、范敏真四位組成專案小組，專責處理室內工程發包，並積極尋找建築、影音、圖文等方面的專業人員負責各項工程建設的實施，其後並由王維國出任工地經理，總掌工程相關事務，儘管工程的進行過程面臨各種難題，但都一一克服，以求能於時限內順利完成開館。例如館內「華嚴世界」的球殼製作，原來是找國外公司訂造，但直徑八公尺的巨球，運輸倍增困擾，後來在顧問專家的持續努力下，終於順利在國內達成這項首創的高難度任務。

六、國際參訪與學習

　　從前面我們可以發現，在宗博館籌建的過程中，有許多國際人士的幫忙、贊助與參與，這是緣起於心道法師和籌備人員在宗博館構想初期，就開始密集地參訪世界各地的博物館，吸收和汲取相關的經驗，並且在不斷地學習和交流互動的過程中，和許多國際優秀人才都建立深厚的友誼。

　　自一九九四年起至一九九六年，在江韶瑩與呂理政兩位顧問的規劃下，心道法師率領僧俗二眾弟子組成考察團積極參訪世界各地的博物館和宗教聖地，如「歐洲考察行」前往歐洲，考察當地人文、宗教、建築藝術，並與當地博物館進行館際交流。一九九五年則走訪俄羅斯考察，除了參觀博物館外，也與東正教、薩滿教進行交流，心道法師也是當時第一個參訪俄羅斯薩滿教的臺灣佛教僧侶。其後又至美國、加拿大等地，考察當地宗教聖地、教堂、寺廟及各種類型的博物館、紀念館、藝術館等。一九九六年則考察了中東地區土耳其和以色列的宗教聖地和歷史遺址。在這段時間內，考察團參訪了如以色列猶太流離博物館（The Museum for Jewish Diaspora）、華盛頓特區浩劫博物館（The United States Holocaust Memorial Museum）、加拿大文明博物館（Canadian Museum of Civilization）、洛杉磯寬容博物館（Museum of Tolerance）、俄羅斯宗教歷史博物館（The State Museum of the History of Religion）、英國聖蒙哥宗教生活與藝術博物館（St Mungo Museum of Religious Life and Art）、大英博物館（British Museum）等等具代表

一九九六年中東參訪

心道法師中東之旅

參訪華盛頓特區浩劫博物館

歐洲博物館參訪之行

性的博物館。一方面學習他人建館、設計理念、建築規劃等事項；另一方面，也促成了不同宗教間的實質交流活動，增進了彼此間的情誼，也搭起國際友誼的橋樑。正如心道法師在紐約基督教教堂的演講：「我們今天來到這裡，不是來傳教，而是來和你們做朋友。」當場獲得如雷的掌聲回應。

考察過程發生許多有趣的小插曲，最值得一提的是當心道法師一行人於一九九四年拜訪某個亞洲國家的市立博物館時，發現該館的設備簡易，收藏文物稀少，心道法師不禁脫口說道：「這樣的規模都可以當一個博物館，我們的博物館哪裡有蓋不成的道理！」由此信心更增。

這些學習參訪行程亦帶來許多收穫，除了認識如蘇利文、奧若夫這些後來直接在宗博館籌建上發揮關鍵作用的人士外，獲得國際上對宗博館理念的諸多肯定也是一大收穫。像是一九九八年九月，由天主教臺北總教區副主教王榮和神父，帶

來梵諦岡教廷暨天主教教宗若望保祿二世頒贈「教宗祝福狀」，表達支持心道法師籌建宗博館的精神與理念。其上寫道：「教宗若望保祿二世，慈愛地將羅馬教皇的特別祝福，給予釋心道法師及世界宗教博物館，作為由神而來、永久護佑的誓約。」一九九九年年底，心道法師應邀參加南非開普敦所舉辦的第三屆「世界宗教會議」，會中心道法師在演說中提出，以「宗博館」作為來自臺灣獻給人類二十一世紀的禮物，受到與會人士一致的尊崇與肯定，並均表示願意提供資源協助宗博館的籌建。

一九九九年，心道法師受邀參加南非開普敦第三屆世界宗教會議。

生命覺醒講座暨千禧金佛祈福大會

　　二〇〇〇年年初，泰國僧王智護尊者（H. H. Somdet Phra Nyanasamvara）為肯定心道法師籌建宗博館，與追求世界宗教和平的努力，特別致贈泰國金佛、祝福狀、僧王所穿過的袈裟，象徵佛法僧三寶，表達對宗博館的支持與祝福。二〇〇〇年八月，心道法師以宗博館創辦人身分，獲邀參加聯合國「千禧年宗教及精神領袖世界和平高峰會議」（Millennium World Peace Summit of Religious and Spiritual Leaders），並與各宗教領袖共同簽署「包容與無暴力承諾」和平宣言：承諾終止宗教暴力與衝突、消弭貧窮、解決環境破壞、尊重人權等。這些都顯示了心道法師籌建宗博館的理念獲得國際社會認同與肯定的事實，也為宗博館打開了國際知名度。二〇〇一年，「世界回教聯盟」（Muslim World League，簡稱回盟）贈與宗博館一批精美的伊斯蘭文物提供宗博館展示之用，其中包含聖地麥加天房罩幕的精細刺繡布塊以及其他伊斯蘭教珍貴器物，這顯示了回盟對宗博館的友好與認同，也象徵了伊斯蘭朋友對心道法師的友誼。

二〇〇〇年初泰國僧王智護尊者肯定世界宗教博物館理念，致贈金佛予心道法師，表達對博物館的支持與祝福。

二〇〇〇年，心道法師出席聯合國「千禧年宗教及精神領袖世界和平高峰會議」。

七、開館盛況與喜悅

「宗博館誕生在臺灣是非常特別的一個緣起，顯示出臺灣社會對宗教、種族、文化的包容能力，並且代表『尊重、包容、博愛』的理念是人類文明進步的指標。

宗博館的籌設完成，標誌四個未來人類發展相當重要的意義：

一、國際性——跨越國家種族、文化、宗教的差距。

二、前瞻性——未來人類必須努力達成愛與和平的一個使命。

三、獨特性——宗教共存共榮的理想世界。

四、啟發性——生命及靈性覺醒的教育。

希望所有曾經努力奉獻的人，能夠繼續推動這份的任

務，轉化衝突，消弭紛爭，創造福祉以及和平，謝謝。」

——心道法師宗博館開幕致詞

短短的一段致詞，蘊含的是心道法師對宗博館開館的感恩與期待。宗博館經過多次的軟硬體修正，在眾人的祝福與期待下，終於在二〇〇一年的十一月九日正式開館，象徵全人類朝向「愛與和平」的理念邁出一大步。來自全球三十餘國的各宗教領袖及一百八十多位各界貴賓們，共同參與開幕典禮與剪綵儀式，現場透過當時最新的高科技網路技術，經衛星將影像即時同步傳遞至各個靈鷲山的海外分會及國內各地的分支道場，讓所有人一同見證這殊勝的歷史性一刻。

來自全球三十餘國的各宗教領袖及一百八十多位各界貴賓們，共同參與開幕典禮與剪綵儀式。

　　開館後並舉行一連串的活動，包括護法會在館外舉辦
「宗博館啟用獻供大典」，由心道法師帶領信眾們共同手
持兩百五十公尺長的「哈達」走向入口處，象徵吉祥如意
的祝福，並誠摯歡迎大家一同來參觀。當晚更在臺北國際
會議中心舉行「世界宗教和諧日祈福大會」，由心道法師
帶領與會人士共同簽署及發表〈世界宗教和諧日宣言〉，
一起誦念祈禱文，並訂定每年十一月九日為「世界宗教和
諧日」，祈願世人今後每年都能共同慶祝這深具意義的
日子。

另在臺北圓山飯店舉辦「全球聖蹟維護」的國際會議，並以宗教、博物館、世界和平等議題為主軸，共同關心各宗教的聖地古蹟維護工作，以及宗博館所應扮演的重要角色等。會後並舉行「愛與和平」晚宴，邀請許多國際知名藝術家來表演節目，共同禮讚宗博館的開館。十一月十一日，為期三天的各項慶祝活動，在靈鷲山無生道場所舉辦的「閉幕茶禪午宴」後落幕。

二○○一年十一月九日於圓山飯店舉辦「全球聖蹟維護」國際會議

參、宗博館的特色與使命

十年的籌備努力換來了宗博館的順利開館，然而，這並不是一個結束，而是一個全新挑戰的開始，二〇〇一那一年，正值阿富汗塔利班（Taliban）政權毀佛以及九一一攻擊事件的發生，戰爭陰影籠罩全球，人心普遍疑慮不安。宗博館在此時開館，正是要以「尊重、包容、博愛」的建館理念，通過宗教展示平臺的功能，承擔推動宗教交流和生命教育的使命，化解宗教衝突、維護世界和平。

「工欲善其事，必先利其器」，這些理念需要一位有能力、有思想、有魄力的執行者來落實推動。二〇〇二年三月，前國立臺南藝術學院校長、國家文化藝術基金會董事長漢寶德先生，有感於心道法師崇高的理念，首肯出任館長一職。漢館長在籌備初期，即曾經提出宗博館需要有獨立電梯以解決參觀民眾的進出問題，對後來的動線規劃有很大的引導作用。漢館長在詳解心道法師的建館理念與展示後，提出了日後經營方向及目標：「在『愛與和平』的建館理念之下，世界宗教博物館將朝『推廣世界宗教藝術與文化』、『推動全民生命教育』、『逐步改善展示內容使成為大眾化的展示，成為大眾化的社會教育機構』三大方向來經營。」這些經營方向與目標成為宗博館日後舉辦各式展覽與活動的主要準則。

「推動全民生命教育」是一項相當重要的決定，它是心道法師建造宗博館背後相當重要的理念，也具體地在「生命之旅廳」中呈現出來，而漢館長進一步地將其落實在宗博館的經營中。據漢館長事後回憶當時的做法思考：

「心道法師建館的宗旨是『愛與和平』，但是大家無法瞭解與體會把各種宗教放在一個館裡的意義。我思考良久，決定與政府在推動卻迄無成效的生命教育連結在一起，把世界宗教博物館的社會使命，確定為生命教育。」而且他的用意還包括「與學校合作，希望中、小學的師生可以來此吸收生命的精義。」

也因此，宗博館的功能特色有二，分別是「宗教藝術展示功能」與「生命教育功能」。前者是就宗教文物本身所具備的歷史、文化、藝術、教育等方面，做一整體性的介紹；後者則是跳出文物本身功能，進入到與生命相呼應的層次，達到引發參觀者藉以思考自身生命等問題，進而產生教育的效果。而另一個宗博館更重要的使命，則是作為「國際各宗教間的交流平臺」。促進各宗教彼此的互動交流，增進認識互信、減少誤會衝突，努力推廣「愛與和平，地球一家」的理念種子。

世界宗教博物館首任館長
漢寶德先生

一、宗教藝術展覽

（一）常設展區

　　一般的博物館，呈現的是一種視覺的觀看，但是在宗博館裡，需要的是一種「心靈」的觀看，觀賞者和被觀賞事物融合在一起，交盪出《華嚴經》珠玉之網相互映照、相即相入的概念。宗博館的主要展場分成六、七樓兩層，參觀動線的設計也是經過精心的規劃，讓參觀者經歷一場心靈的洗滌與朝聖之旅。其動線可以依照內涵的不同分成兩段組成：一是「心靈洗滌之旅」，另一則是「心靈朝聖之旅」。

　　心靈洗滌之旅：讓我們認識、思考和反省生命，達到身心靈的平靜與回歸。觀賞者在搭電梯時，隨著心道法師的聲音，開始沉澱心情，準備進入一場愛與喜悅的生命探索之旅，一出電梯便來到七樓的「淨心水幕」進行心靈的轉化與洗滌，而走在「朝聖步道」上，會誘發觀賞者對生命的無限思考，通過「金色大廳」這一蘊含無限智慧真理的大門，來到「宇宙創世廳」瞭解各宗教的創世觀。之後，觀賞者沿著樓梯下到六樓，在「生命之旅廳」中瞭解生命的自然循環，在「生命覺醒區」體悟到不同生命的意義與價值；在認識、思考、反省生命的意義後，觀賞者可以到「靈修學習區」通過靜坐體驗各宗教靈修的奧妙。而最後的「華嚴世界」則是讓人體會到愛與和平才是宇宙永恆不滅的真理。

　　心靈朝聖之旅：在參觀完「華嚴世界」後，觀賞者將沿著樓梯回到七樓進入「世界宗教展示大廳」，在這個莊

嚴肅穆的大廳堂中，觀賞者必須用眼睛和心靈去傾聽這裡每個宗教用展品所要訴說的歷史、文化、教義以及精神，這或許是一個真理、一個故事；又或者是一種心靈的震撼或悸動，一種與神聖相契合的體悟或感動。通過這些宗教藝品，我們與神聖在這個時空中相遇，也讓身心靈在這個過程中得到救贖與解放。

下面將從深層心靈層面角度，依次介紹這些展區：

參觀電梯

來到宗博館進入電梯，就身處於一不斷流瀉出聲音的空間。搭乘電梯時，會聽到心道法師的歡迎之語：「真誠地歡迎你來到愛與喜悅的世界，你將會學習到不同的宗教啟示，使你更有活力，能夠滋潤生命的永恆！」作為宗教靈性之旅的開場白。當中的音樂和聲音設計元素，會讓參觀者產生一種上升至另一片天地的感覺，使電梯成為觀眾肉體和情緒轉換的地帶，幫助觀眾將外界塵囂拋於腦後，帶著純淨身心進入博物館。

甫出電梯，抬頭即會望到橫樑上的大字，橫幅寫著「百千法門，同歸方寸」，象徵即將踏入心靈的殿堂。

淨心水幕

出電梯後，映入眼簾的是一片光明潔淨的水牆——「淨心水幕」，參觀者可將雙手置於水牆上，象徵潔淨心靈的儀式。

朝聖步道

接著來到總長度約六十三公尺的「朝聖步道」中，耳邊傳來潺潺的水聲，水聲搭配踏在不同地表上的腳步聲，好像許多朝聖者一同行走在粗質的沙地、卵石或泥土表面，引人發思古之幽情，遙想朝聖之行旅。整個空間會充滿以不同語言喃喃低語的聲音，唸出各宗教傳統裡提出來的精神性偉大問題。低沉的聲音圍繞在參觀者的耳邊，這些問題也會投影在「朝聖步道」沿途的柱子上。「朝聖步道」的深層意義，是讓參觀者體驗到朝聖的心境與悟道的

朝聖步道

喜悅，與此同時，也不斷地提醒自己去思考：「我到底是誰？」、「生命從哪裡來？」等等的生命問題，引導出人們對生命深層軌跡的追蹤與體悟，以及對人生歸宿等問題的透視和思考。朝聖步道盡頭有一面熱感應牆，觀眾可於牆上留下掌痕手印。

金色大廳

「金色大廳」上方是一個眼睛的設計，象徵透過「心眼」去觀察宇宙時空與神聖天界；下方地板圖騰包含世界各大宗教的象徵色彩和動物圖像，並配合博物館的東、南、西、北四個方位設計而成；而各宗教之間的圖騰，以

金色大廳

迷宮的方式排列成一幅「寰宇圖」，則揭示出各宗教對於「真理」的共同追尋，同時也象徵華嚴「心包太虛，量周沙界」的境界；左右兩根金色柱子上，分別以十四種不同的語言文字，傳達「愛是我們共同的真理」、「和平是我們永恆的渴望」兩句箴言，除了表示宗博館的創館理念外，也顯示出唯有透過「愛與和平」才能提升我們的靈性，到達神聖的場域。

宇宙創世廳

　　接著走向「宇宙創世廳」，欣賞具臨場感、高畫質的
影片——「起源」，影片內容敘述不同文化和信仰間的創
世神話，引導大眾以全新的方式來看待世界上的宗教傳統
和人類的生命，啟發對生命深層意義的省思，以探索人類
安身立命的真正歸宿。

宇宙創世廳入口處

land and water

宇宙創世廳

生命之旅廳

　　觀賞完影片沿著「宇宙創世廳」樓梯往下就進入「生命之旅廳」，象徵著從宇宙的起源往下轉換成敘述人類生命的歷程。這裡展出生命的五個階段——初生、成長、壯年、老年、死亡及死後世界，並展出代表不同族群或信仰的禮儀文物和多媒體影片。雖然各民族或文化的制度與儀式不盡相同，但都表達出信仰深入社會、文化的各個角落，以及對生命心靈的關懷、撫慰與指引，啟發觀賞者去思索生命存在的意義。

生命之旅廳

那就是非巧合——是上帝。

生命覺醒區

生命覺醒區

在「生命之旅廳」的兩旁，分別是「生命覺醒區」與「靈修學習區」。「生命覺醒區」是透過大型螢幕放映來自世界各地知名人士、宗教領袖及一般觀眾，口述自身探索生命的經歷的影片，看他們如何藉由宗教的祈禱幫助探觸到神聖且高貴的靈性本質，為生命做出最完美的見證，可以讓參觀者從中獲得啟發，對生命的本質更深層的認識和體悟。

靈修學習區

　　「靈修學習區」提供一個實際的起行體驗機會。學習區中央是提供靜坐、冥想的區域。藉由三面環繞的大型螢幕放映影片來介紹六個宗教不同的靈修方法，帶領參觀者進行一場心靈的靈修饗宴。

靈修學習區

華嚴世界

　　「華嚴世界」外部是一個圓形球體，球體內部上方有一百八十度球型環繞螢幕，於每天固定時間放映影片，觀賞者可以在球體內部自由選擇位置就座，感受全視野觀影的震撼，再經由環場立體音效與影片旁白說明，讓人彷彿投身於宇宙的浩瀚無垠中，也讓觀賞者思考人類與萬事萬物的關係，藉此傳達出《華嚴經》中「一即一切，一切即一」的生命共同體精神。

華嚴世界

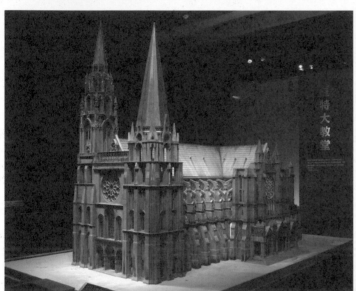

世界宗教建築模型：左上圖為夏特大教堂；左下圖為婆
羅浮屠；右圖為路思義教堂。

世界宗教展示大廳

　　「世界宗教展示大廳」是一個莊嚴肅穆又帶有神聖氛圍的空間，十大宗教所展示的宗教器具或聖物，引領觀賞者的心靈跨越現實進入一個純粹絕對的空間，交織出一種特殊且充滿靈性的時空場域。在這裡，透過現代科技投影技術的輔助，一方面展示十大宗教實體文物，另一方面運用投影文字解說，闡述該宗教起源、教義、儀式、器物及文化傳統等等，讓人更加認識、感受和理解宗教，在這裡呈現的，不僅僅是這些文物器具所帶給人的震撼感動，而是宗教在歷史長河中與人類相遇所激盪出來的美好與神聖，這些宗教各有各的特色，不同宗教間或許還因為某些因素在歷史上產生衝突對立，但這些展示的文物告訴我們，它們背後的故事，串起了人類歷史的全部面貌。

　　而除了十大宗教外，這裡也特別將臺灣宗教信仰獨立出來成立一個展區，這一方面突顯臺灣信仰的多元性和特殊性，另一方面通過這些融合傳統宗教和民間習俗所表現出來的文物器具，讓人見識到臺灣先民的富饒有趣的生活史以及澎湃的生命力。

　　另外，位於「世界宗教展示大廳」中央區塊的世界宗教建築模型，原本是一個名為「虛擬聖境——世界宗教建築縮影」的特展，但由於展出後反應相當良好，再加上符合「世界宗教展示大廳」所欲呈現的整體格局，因此後來變成為一個獨立展區，展出世界上具有代表性的宗教歷史建築，包括知名的印尼婆羅浮屠、耶路撒冷伊斯蘭聖石廟、中國山西佛光寺大殿、莫斯科東正教聖母升天大教堂、日本伊勢神宮、法國夏特大教堂、印度錫克教金廟、臺灣臺中路思義教堂、印度坎德里雅濕婆神廟、捷克猶太教舊新會堂等。這些建築完全是依照真實建築縮小比例，包括建築內部的構造、祭壇、繪畫、塑像等等，全部仿真製作，巧奪天工，讓人觀賞時心曠神怡、嘆為觀止。此外，模型內部還裝置迷你攝影機，使參觀者在觀看時，彷彿身歷其境一般走進建築物內，親自體驗建築內部氛圍極其優美的藝術設計，其做工之巧、手法之細膩、意境之深遠，無一不是當代宗教藝術的顛峰作品。

感恩紀念牆

　　在展示大廳的前後兩端，另設有「感恩紀念牆」，藉以感恩並紀念當初所有幫助宗博館的贊助者。

祝福區

　　最後，在近出口處有個「祝福區」，參觀者可將雙手接觸到牆上的手印，即會在上方的螢幕中顯示出祝福語，讓大家帶著滿滿的喜悅與祝福，結束這趟探索生命、宗教的靈性之旅。

感恩紀念牆

孩子們隨著導覽人員，展開探索
「愛的森林」的新奇旅程。

兒童館

其次，為了落實兒童生命教育的推動，漢寶德館長
在二〇〇五年再針對三至十歲的兒童增設「兒童館」，這
個館獲靈鷲山榮譽董事會總召集人陳進財先生大力推動，
為國內第一座為兒童生命教育專設的展館。由於館方希望
能以寫實的生態造景，因此設計人員絞盡腦汁創造了一個
「奇幻獸」：長長的耳朵像兔子，象徵愛需要聆聽；像軍艦
鳥鼓動的胸囊，象徵熱情的愛；全身柔軟的毛皮，象徵溫

館內陳設新奇有趣，孩子們玩得不亦樂乎。

暖；背後的翅膀，象徵如天使般真善美；尾巴像螢火蟲發
光，象徵光明指引等。展館定名為「愛的森林——尋找奇
幻獸」，就是希望透過不同場景讓孩子們在森林裡尋找奇
幻獸的過程中，看到愛的行為，瞭解愛的真諦。這種設計
理念代表了宗博館對兒童生命教育向下扎根的用心。

奇幻獸特寫

　　此外，「兒童館」在每月雙週六的下午，還有「彩虹
女巫說故事」，並進行帶動唱、創意手工DIY等現場的活
動，讓孩子們親自參與故事、遊戲、動手做等寓教於樂的
過程，留下深刻又美好的回憶。

宗博文化生活館

「宗博文化生活館」創立的緣起，來自心道法師所說的「當下生活需要信仰的力量。」為了讓觀賞者在感受宗博館內豐富多元的宗教文化之餘，能更進一步體會到來自信仰背後所呈現的浩瀚與美好，並落實在日常生活中，因此，宗博館特別在二○一二年八月開辦了「宗博文化生活館」，包含「停雲書苑」、「時雨齋茶館」以及「宗博禮品店」，前兩者的命名來自陶淵明〈停雲詩〉中的「停雲靄靄，時雨濛濛」兩句，揭露了「宗博文化生活館」想要結合信仰、人文、藝術、美學來打造新生活理念的意圖。

「宗博文化生活館」以不同的方式和內涵呈現三者：

「時雨齋茶館」：提供天然、健康又美味的素食與茶點，讓人在享受蔬食與品茗之際，身心鬆弛，打造出一個自然與人文相互交融的休憩與對話場域。

「停雲書苑」：推出茶、花、樂、墨、香五「道」與禪意結合的課程，在雋永琴聲和清亮的詩歌吟唱中，引導人進入性靈的學習空間，是一個提升自我靈性精神的學習場域。

「宗博禮品店」：展售博物館的文創禮品，包括宗教圖書、生命教育叢書、音樂以及生活用品，還有一些精美的宗教藝品也在此陳列擺設，提供民眾觀賞與購買。

（二）特展

除了以上的永久常設展之外，宗博館內還規劃許多特展，歷年展覽中較具特色的展覽如：

「神氣佛現——山西泥菩薩展」
（二〇〇四年一月）

二〇〇四年一月中，宗博館舉辦「神氣佛現——山西泥菩薩展」。此展分為「工藝交流」、「觀摩學習」、「神氣佛現」三期開放，並向國立傳統藝術中心申請「兩岸泥塑彩繪佛像藝術傳習計畫」，讓學員們分別習得山西石增西匠師及臺灣吳榮賜老師的泥塑工法與塑像藝術。

「聖誕圖：一幅畫的故事」
（二〇〇七年十月）

聖誕圖：一幅畫的故事特展

以一幅「牧羊人朝拜聖嬰」的巴洛克繪畫出發，深度解析基督宗教繪畫的內涵，從聖經繪畫題材、宗教畫中的象徵符號到賞析不同時期的作品，帶領觀眾走進「一幅畫」的世界。

此特展從描繪聖誕節由來的「牧羊人朝拜聖嬰」畫中，解析出畫面中的人物與動物形象及象徵：聖母為什麼身著藍色長袍？馬槽裡的動物為什麼只有牛和驢？天使的喜悅與上帝的榮光有哪些不同的表現形式？此特展將從「宗教」與「藝術」兩方面，引導觀眾學習如何「讀懂」基督宗教畫作，除了讀出聖經故事背後的涵義，也讀出對藝術表現的理解與藝術賞析的興味。

就展示而言，內容上以「一幅畫」的概念出發，它同時成為展示的起始與終點，無論是宗教與藝術內涵的交織鋪陳、知識理解的順序布局或空間引導動線等，都打破以往直線式的展覽邏輯，更增加了學習的層次性與參觀的趣味性。而展示空間特色也以互動學習為主，在展示情境之外，更加入多媒體內容，並將平面畫作立體化，讓觀眾可以「走進畫中」做深度學習。最後加上創意十足的導覽手冊，統整展出的內容，以期讓觀眾從藝術風格與宗教象徵等不同層面瞭解基督宗教繪畫的精采之處。

「墨西哥死亡節嘉年華」（二○○九年十月）

這是與墨西哥駐臺灣文化辦事處合作推出的展覽，「墨西哥死亡節」是深具墨西哥文化特色的節日，在二○○三年被聯合國教科文組織（UNESCO）登錄為世界無形文化遺產。

本展覽以墨西哥死亡節的祭壇為中心，說明死亡節的歷史由來、節慶內容、意義內涵，呈現蘊藏在墨西哥死亡節這個節慶中，墨西哥獨特、多面向的宗教、藝術及文化

墨西哥死亡節

傳統。在展示方面，以節慶、慶典的方式，作多感官的展示呈現。此展覽與宗博館的「生命之旅廳」的死亡及死後世界及「世界宗教展示大廳」的原住民宗教馬雅的展示內容密切相關，可被視為常設展的延伸主題特展。

墨西哥死亡節親子活動

「慈悲自在──遇見觀音」（二〇〇九年十一月）

在傳統觀念中，觀音既是一位莊嚴、慈悲、智慧的「菩薩」，同時也是親切熟悉的「觀音媽」，在古老的石窟、寺廟、家中佛堂等，皆可見觀音蹤跡。本次特展以蓮花手、施無畏印、楊柳、白衣、水月、南海、送子、魚

慈悲自在──遇見觀音

籃等八種典型的觀音造像作為引導，讓觀眾進入無形的信仰領域，展示手法則以介紹觀音來源、身世、造像以及性別等主題為啟發，一方面讓觀眾從此獲得理性上的知識內涵，進而瞭解觀音信仰的發展與特質。另一方面則藉著歷代觀音造像所散發的藝術美感與親切感，讓參觀者進入觀音菩薩大慈大悲的神聖氛圍中。

「不是看我──心道法師與一行禪師禪書法聯展」 （二〇一一年四月）

禪師寫書法，不新鮮，但用筆墨教你看破生死，才見趣味。一行禪師與心道法師都是當代富有盛名的大修行

世界宗教博物館十週年慶，舉辦「智慧華嚴
——北京首都博物館佛教文物珍藏展」。

者，他們將自己的修行體悟化為墨寶呈現在世人眼前，因此這個展覽格外顯得有意義。

聯展中，一行禪師的禪書法結合東方禪意與西方思維，用毛筆書寫中英文字句；心道法師的書法則拙趣天真，書寫的同時也與弟子對話，呈現出對佛弟子要表達的禪意。兩位當代禪師，雖師承不同法脈傳承，但最終傳達給民眾「發現真正的自我，面對自己真正的本心」的禪思，卻是一致無二。希望現場觀賞者能「聆聽」這場非書法家的書法聯展，體會文字內的平常真心，瞭解心靈和諧的重要性。

心道法師在展覽時表示：「禪即是心，禪修就是找心。當找回那不沾染的心後，便看見那本來面目。」並題下「光明」二字，表示光明不是白天黑夜之別，而是心的當下境界，祝福觀眾在生活中保持心性光明，看見彼此，「一切境界，都是心的光明。」

「智慧華嚴──北京首都博物館佛教文物珍藏展」（二○一一年十一月）

配合宗博館十週年館慶，特別與北京首都博物館共同合作，舉行「智慧華嚴──北京首都博物館佛教文物珍藏展」特展。這不僅是北京首都博物館第一次在臺展出，而且其參展的一百零二件佛教文物，皆屬於國寶級稀世珍品，其中有近三分之一是出土後首次的公開亮相，還有難得一見的皇家收藏品級的寶物。其中更有二十餘項展品，每件價值均超過千萬人民幣，可見其超凡的珍貴程度。

這次展覽包括雕塑、繡經、佛畫、唐卡和法器等，以千姿百態的藝術造型、形式多樣的造像手法和種類繁多的題材，各展風采，交相輝映，充分揭示了傳統漢藏佛教文化的深厚底蘊和獨特魅力，要讓所有臺灣觀眾既能從中獲得佛教歷史文物的豐富知識，也能感受佛教藝術莊嚴神聖、寧靜自在的藝術魅力，體悟佛教慈悲與智慧的真諦，也呼應了《華嚴經》中「一花一世界，一葉一如來」的雋永內涵。

附帶一提的是，二〇一二年十二月至翌年三月，宗博館前往北京首都博物館舉辦「世界宗教博物館宗教藝術文化展」也吸引了大批中國大陸民眾前來觀展。此展覽包含兩大部分，第一部分「世界宗教概覽」以影片、互動地圖等多媒體技術介紹宗教的起源、分布、現況等資訊；第二部分「世界主要宗教文化藝術」則是透過宗教藝品、文字、多媒體等方式介紹世界七大宗教的特點、內涵與核心價值。而除了展覽之外，宗博館也將生命教育和生命禮俗的互動式教學活動帶進此次北京首都博物館展覽中，表現出宗博館的精神特色。讓觀賞群眾體會到心道法師在開幕致詞時說的：「世界宗教博物館不僅是一座硬體的博物館，也是一個推廣生命教育的平臺。」這場從二〇一一年橫跨至二〇一三年的互展交流活動，兩館以展覽為媒介，串聯起共同的文化底蘊和藝術美感，為兩岸譜下一次宗教文化藝術和博物館交流的典範。

智慧華嚴──北京首都博物館佛教文物珍藏展

（2001-2012）歷年特展・輪展一覽表

	展示主題	地點	展覽期間
1	秘境寶藏珍藏文物展	世界宗教博物館六樓特展區Ⅰ	2002-07-06～2002-10-06
2	認識伊斯蘭——伊斯蘭書法教育展	世界宗教博物館六樓和平交流廳	2003-03-06～2003-05-04
3	神氣佛現——山西泥菩薩展	世界宗教博物館六樓特展區Ⅰ	2004-01-15～2004-09-30
4	戀戀雙和——中和庄八景	世界宗教博物館六樓和平交流廳	2004-08-27～2004-10-24
5	愛的森林——尋找奇幻獸	世界宗教博物館七樓兒童館	2005-10-21迄今
6	趨吉辟邪——民間文物展	世界宗教博物館六樓特展區Ⅰ	2005-07-25～2006-02-10
7	永恆的召喚——陳贊雲宗教建築攝影展	世界宗教博物館六樓特展區Ⅰ	2006-03-01～2006-03-31
8	爵鼎聰明——青銅器兒童教育展	世界宗教博物館六樓特展區Ⅰ	2006-05-24～2006-12-24
9	「雙和人」【地方文史展】	世界宗教博物館六樓特展區Ⅱ	2006-11-09～2007-01-28
10	二十世紀現代宗教建築縮影——廊香教堂	世界宗教博物館六樓和平交流廳	2006-12-01～2007-02-28
11	「財神到」【迎春特展】	世界宗教博物館六樓特展區Ⅰ	2007-02-13～2007-07-30
12	二十世紀現代宗教建築縮影——唯一教派教堂	世界宗教博物館六樓和平交流廳	2007-08-29～2008-03-02
13	聖誕圖：一幅畫的故事	世界宗教博物館六樓特展區Ⅰ	2007-10-15～2008-04-27
14	聖域印象【攝影展】	世界宗教博物館六樓特展區Ⅱ	2008-04-24～2008-05-18
15	寫藝人間——漢寶德書法展	世界宗教博物館六樓特展區Ⅰ	2008-06-25～2008-09-30
16	二十世紀現代宗教建築縮影——麻省理工學院禮拜堂	世界宗教博物館六樓和平交流廳	2008-10-15～2009-04-19
17	宗教攝影行腳系列：李信男——一九九六土耳其、以色列宗教聖地考察攝影展	世界宗教博物館六樓特展區Ⅰ	2009-02-19～2009-04-05
18	和平之書——以色列藝術家珂朵羅個展	世界宗教博物館六樓特展區Ⅰ	2009-04-24～2009-06-07

秘境寶藏珍藏文物展，喇嘛製作沙壇城。

爵鼎聰明──青銅器兒童教育展

寫藝人間──漢寶德書法展

19	墨西哥死亡節嘉年華	世界宗教博物館六樓 和平交流廳	2009-10-14 ~ 2009-11-01
20	臺灣宗教建築縮影系列I—— 艋舺龍山寺	世界宗教博物館六樓 和平交流廳	2009-11-03 ~ 2010-06-06
21	慈悲自在——遇見觀音	世界宗教博物館六樓 特展區I	2009-11-03 ~ 2010-06-06
22	福虎生風——虎文化新年展	國立中央圖書館 臺灣分館一樓	2010-01-06 ~ 2010-03-31
23	臺灣宗教建築縮影系列II—— 鄒族男子會所（庫巴Kuba）	世界宗教博物館六樓 和平交流廳	2010-07-07 ~ 2011-01-09
24	祖靈的國度—— 原住民信仰文化特展	世界宗教博物館六樓 特展區I	2010-07-07 ~ 2011-01-09
25	雙和人—— 我們的土地、我們的家	中央圖書館臺灣分館 雙和藝廊	2010-07-06 ~ 2010-07-25
26	福到人間	世界宗教博物館六樓 特展區I	2011-01-21 ~ 2011-03-06
27	墨西哥瓦曼特拉—— 聖母‧聖像‧花毯特展	世界宗教博物館六樓 特展區I	2011-03-26 ~ 2011-09-18

墨西哥瓦曼特拉——聖母‧聖像‧花毯特展

28	不是看我—— 心道法師與一行禪師禪書法聯展	世界宗教博物館七樓 特展室	2011-04-06 ~ 2011-07-06
29	臺灣宗教建築縮影III—— 萬金聖母聖殿	世界宗教博物館六樓 和平交流廳	2011-06-16 ~ 2011-09-18
30	世界宗教博物館十週年‧ 館史暨祝賀特展	世界宗教博物館七樓 特展室	2011-11-08 ~ 2012-01-08
31	世界宗教展示大廳新增展區—— 波斯拜火教：瑣羅亞斯德教	世界宗教博物館七樓 世界宗教展示大廳	2011-11-09 ~ 2014-11-08
32	智慧華嚴—— 北京首都博物館佛教文物珍藏展	世界宗教博物館六樓 特展區I	2011-11-09 ~ 2012-02-19

不是看我——心道法師與一行禪師禪書法聯展

33	說龍解密——靈獸傳奇	世界宗教博物館六樓特展區Ⅱ	2012-02-28 ～ 2012-09-02
34	說教有理——善書寶卷典藏特展	世界宗教博物館六樓特展區Ⅰ	2012-07-31 ～ 2013-03-03
35	磬典祈福・寧靜之聲	世界宗教博物館七樓世界宗教展示大廳輪展展櫃	2012-11-09 ～ 2012-11-25
36	千古琴緣——臺灣古琴藝術展	世界宗教博物館六樓特展區Ⅱ	2012-12-18 ～ 2013-01-20
37	世界宗教博物館宗教藝術文化展	中國北京首都博物館一樓B展廳	2012-12-29 ～ 2013-03-10
38	花花遇見梅杜莎——小龍年新年特展	世界宗教博物館六樓特展區Ⅱ	2013-02-05 ～ 2013-05-05
39	道法海涵——李豐楙教授暨師門道教文物收藏展	世界宗教博物館六樓特展區Ⅰ	2013-05-01 ～ 2013-06-30

「2300萬人的幸福學堂」偏鄉學童參訪宗博說龍解密特展。

花花遇見梅杜莎——小龍年新年特展

二、推廣生命教育

（一）宗博館的生命教育理念

生命是什麼？我們活著是為了什麼？生命的意義到底在哪裡？我們應該如何面對生命？這是人生的大哉問，也是許多人窮盡一輩子想要瞭解的問題。而由這些問題延伸而來的，是人如何與自己、與他人甚至是宇宙萬物相處互動的問題。儘管生命教育的內涵各家的說法不一，但大抵都是環扣著如何認識、瞭解、喜歡生命而開展種種後續的命題，因此，可以用「全人教育」來做一個總結。

關於生命教育，心道法師也有一套完整的看法：

「什麼叫生命教育呢？就是心靈的一種啟發跟感動，生命的認識跟生命的價值，生命的意義跟生命的奉獻。我們是從每一個角度去看生命，然後我們要學習這個生命，然後才懂得生命，然後就珍惜生命、奉獻生命、瞭解生命，才能夠去做更多生命的一個服務跟奉獻。

靈安則心安，心安則身安，身安則道隆，生命就會趨向和諧、平安。宗教就是生命的調節器，針對生命歷程的各個階段辦教育，作一個成功的生命領航員。這也就是『生命服務生命，生命奉獻生命』的良性互動，啟發大家去認識生命的本質。」

由上述這段話可以看出心道法師對如何「認識」和「瞭解」生命的重視，所以他用「生命之旅廳」來呈現並讓觀賞者藉此探索生命意義與價值，讓觀賞者瞭解從「初

生」到「最終」都是一個接一個的旅程，我們享受這個旅程，也通過這個旅程不斷地學習和認識，由此讓自己更瞭解生命和喜歡生命。不只是自己的生命，還包含整體的、全部的生命，讓自己和他人乃至各式各樣的生命形成一個圓融無礙的生命共同體。在相互理解和尊重中形成生命大和解，從而創造出一個真正愛與和平的世界。而這也正是宗博館的生命教育的特質。

由「生命之旅廳」的設計和展現意涵來看，心道法師對生命教育的觀點無疑是相當通透的，也符合主流的生命教育觀點。而漢寶德館長在理解心道法師的理念下，把宗博館的社會使命，確定為生命教育，並以此提出具體的工作方案，並將之推動到與國中小學的教育結合，繼之的江韶瑩館長也持續這個做法，讓生命教育成為宗博館中持續不懈推動且成效卓著的重要活動。

（二）重要活動與成果

宗博館自開館以來，便積極推廣生命教育的工作，並取得多方面優異的成果，深獲各界的支持與肯定。在落實生命教育的做法上，宗博館主要從三個方面進行：

第一，結合各級學校生命教育的工作：自二〇〇三年起，以「校」為單位，開始推動「三百六十五天生命教育護照：校園護育計畫」活動，每年與多所國中小學簽訂合作計畫，以優惠的票價及全年的服務引領全校師生來宗博館參觀，已有數萬學子受惠。針對教師舉辦生命教育及藝術人文相關主題的「教師研習營」活動，另對時下熱門議

題如霸凌、器官捐贈、家庭婚姻倫理等等，進行充分的研習討論，藉以增進彼此合作交流，相互激發生命教育的教學創意，迄今也已舉辦超過五百場次。

生命教育種子教師研習營，參與教師於清真大寺前合影。

第二，由宗博館編製生命教育系列叢書：除了二〇〇五年出版「生命的五個階段——國小生命教育教案」外，於二〇一〇年也發表「生命之旅——生命的五個階段國中生命教育教材」，兩者是以宗博館「生命之旅廳」中的「初生」、「成長」、「壯年」、「老年」、「死亡及死後世界」五個生命歷程作為架構來研發教材，希望可以作為九年一貫完整生命教育的教材使用。宗博館同時也發行《生命教育專輯》刊物。

第三，成立學術顧問指導團：將有志推廣生命教育的教師夥伴們結合起來，於二〇〇三年舉辦「生命領航員聯誼會」，主動建立聯絡網絡，加強彼此交流合作，為一深

耕生命教育的教師社群平臺。以培育種子教師的方式，配合宗博館生命教育資源，邀請相關知名專家學者，安排一系列的成長活動，如「點亮生命之光：讓愛起飛」、「愛的奇幻之旅」等。並帶領港澳美的學者與教師參與推廣，已有數萬名學子入館體驗生命情境的內涵。

　　而除了上述三方面的發展，宗博館更於二〇〇九年十二月成立一個專責部門——「生命教育中心」，以「和諧共生」的理念為主軸，透過文字、聲音、展示、活動等，支援校園生命教育並將觸角逐漸延伸向國際社會。中心開幕迄今積極進行兩岸四地學術交流，並已獲得香港教育局指定宗博館為「協助小學生命教育計畫」與「協助中學生命教育計畫」三天兩夜境外教學的指定參觀場館，至目前已有數百香港國中小校長及教師來館進行境外生命教育參訪，像是二〇一〇年十二月港、澳地區中學校長團來訪、二〇一一年二月港、澳、福建等地二十所小學近五十位校長主任幹部來館進行交流觀摩，同年六月由香港中文大學教授領隊帶領十五所香港中學校長和教師到宗博館進行生命教育交流。這些都在在顯示國際肯定宗博館在生命教育上的作為與成就。另外值得一提的是，中心也舉辦「生命之河——臺灣生命教育的歷史軌跡」巡迴借展活動，藉由訴說臺灣生命教育的發展脈絡並且以巡迴展覽的方式呈現在大眾面前，一方面讓民眾能夠知道生命教育在臺灣的發展歷程與努力軌跡，另一方面則是藉此讓民眾更深入地體會到生命教育的內涵與意義。

　　另外，宗博館於二〇一二年六月推動「2300萬人的幸福學堂」，邀請偏遠地區的學童免費到宗博館參觀，並獲

2300萬人的幸福學堂

得王永慶先生教育基金會的贊助。十一月宗博館十一週年館慶時成立「尊勝會」，「以提升生活品質、推動生命教育」為宗旨，邀請王永慶先生教育基金會董事長王文洋、南僑集團總裁陳進財、漢光教育基金會董事長宋具芳、李永然律師等人共襄盛舉，一起為生命教育和文化發展貢獻心力，期待宗博館從在地做起，推動成為全臺「2300萬人的幸福學堂」，並且進一步發展為「全世界的幸福學堂」。

幸福學堂學生們圍繞著道教圖騰，討論著各種動物的形象。

　　隨著時代的進步，科技、物質越發達先進，人類的心靈卻相對地更加空虛。宗博館對生命整體過程的反省到世界各大宗教內涵展示，都是希望能讓參觀者在這個過程中引發共鳴，體會各階段的生命意義，並開展出對生命的終極關懷。任何年紀、性別、文化背景的人士來到宗博館參觀，透過宗博館具體的情境教育，都可以在不同程度上領受到生命意義於心靈中的洗滌作用，從「認識生命」、「尊重生命」、「珍惜生命」、「喜歡生命」到「超越生命」，形成一趟完整的生命之旅。就如二〇一一年長期推動公益的周大觀基金會帶著第十四屆全球熱愛生命獎得主前來參觀宗博館，得獎者之一美國的「無腿英雄」史賓瑟・維斯特（Spencer West）認為宗博館是一個可以看到人們如何「讚美生命、享受生命、瞭解生命價值」的地方。

二〇一一年全球熱愛生命獎章得主參觀宗博

三、宗教與藝文各界交流平臺

宗教交流可以說是宗博館最初也是最主要的功能，因為這是讓人們瞭解宗教並且串聯、結合宗教力量來實踐「愛與和平」的具體做法，我們可以從一九九九年心道法師在南非開普敦發表的「千禧年的心靈挑戰：希望在世界宗教博物館」演講中瞭解他對宗博館在這方面的期待：

「面對人類共同的難題：生態破壞、道德低落及戰爭威脅等等，宗教界比過去更有責任扮演『和平使者』的角色，提供人類在地球上『永續生存』的價值觀。我想，人們對各宗教應有基本的常識與尊重，而『世界宗教博物館』就在於提供大家一個宗教的知識之門，一條信仰的體驗之路，讓大家在充分瞭解，或真正感動之後，再去選擇自己認同的宗教。

我成立『世界宗教博物館』的目的，除了希望能夠展現各宗教的豐富燦爛，促進宗教與宗教之間的和諧外，特別希望提供各宗教具體的對話空間，將各宗教的愛心，聯合起來推展到全人類，在不同的宗教間，共同複製出一個愛的世界，共創世界和平。」

因此，宗博館自開館以來，便做了許多這方面的努力，一方面促進宗教間的交流互動，另一方面也接引許多其他領域人士來此接觸和認識宗教。

（一）宗教人士來館參訪與交流互動

宗博館開館後陸續有國內外宗教人士來臺參訪。如二○○二年世界佛教僧伽會一行人，在會長淨心長老的帶領下來館參訪；同年，泰國御封華宗大尊長仁德上師亦率徒眾來館參訪；二○○四年，泰國地位崇高的僧王寺第一副僧王梵摩尼僧長暨僧眾至宗博館參訪；二○○八年，心道法師的國際友人印度靈修大師古儒吉（Guruji, Sri Sri Ravi Shankar）來臺參觀宗博，對於博物館和平、寬容的精神，特別予以讚揚。二○一一年二月世界回教聯盟秘書長涂奇（H. E. Dr. Abdullah bin Abdul Mohsin Al-Turki）博士率團來臺交流也到宗博館來拜會創辦人暨參訪本館；同年五月臺灣聖公會賴榮信主教也率團來訪，七月還有中國大陸閩南佛學院一行六十人。二○一二年有浙江民族

福建閩南佛學院參觀博物館

宗教委員會偕同浙江道教協會一起來訪，另外，十二月來自
不丹的嘉虔祖古仁波切來訪並與心道法師敘舊，嘉虔祖古
仁波切也是當年將身影印現在朝聖步道牆面上的眾多朝聖者
之一。在在顯示出全球各界對宗博館理念的肯定與支持。

浙江民族宗教委員會與道教協會參觀博物館

藏傳仁波切參觀博物館

迎春祈福茶會

迎春祈福茶會，心道法師與
宗教領袖供燈祈福。

（二）宗教聯合迎春祈福
　　　茶會的舉辦

　　從二〇〇八年二月起，宗博
館於每年農曆春節期間，都會舉辦跨宗教的聯合迎春祈福
茶會，一方面邀請臺灣各宗教領袖來到宗博館為全球祈求
一整年的和諧平安，另一方面也是進行宗教間友好交流活
動。從最初的宗博館發起主辦，到現今由宗博館邀請國內
跨宗教組織聯合主辦，迄今已經是第六個年頭了。

　　這一場別開生面的迎春祈福，邀請臺灣跨宗教界領袖
代表及貴賓們一同參加，以虔敬優美的宗教祈願文及獨特
的吟頌詠唱方式，來凝聚各宗教的愛心與慈悲，共同為世
界人民及臺灣社會祝禱祈福，希冀安定人心的紛亂。與會
的宗教貴賓除了年年與會的天主教、基督教、東正教、猶
太教、伊斯蘭教、道教、一貫道、天帝教外，還包含一些
其他宗教代表。另外在會中也邀請政府首長、友邦駐華使
節代表，及藝文、工商界貴賓等。儀式莊嚴隆重，讓人感
受到宗教界對世界的關懷與熱忱。

（三）其他來館參訪與活動

1、各界人士來館參觀

　　例如二〇〇七年諾貝爾和平獎得主戴斯蒙‧屠圖（Desmond Mplio Tutu）便曾來館參訪，並讚揚宗博館成立之價值與理念；而馬英九總統伉儷二〇〇八年也曾來館參觀「寫藝人間——漢寶德書法展」，並對宗博館給予高度評價；二〇〇九年斯洛維尼亞人類學博物館館長Mr. Ralf Ceplak Meninc、大陸敦煌研究院院長樊錦詩分別來館參訪，他們都對宗博館展現宏大的跨宗教文化與藝術底蘊表示欽佩；二〇一一年五月有浙江文化代表團包含浙江文化廳廳長以及浙江省博物館館長等人來訪、同年九月北京首都博物館參訪團由北京文物局局長郝東晨率眾來訪，他們對宗博館的設計用心以及文化內涵都感到佩服。其他如二〇一一年周大觀基金會帶著第十四屆全球熱愛生命獎得主前來參觀，肯定宗博館推動生命教育的努力與貢獻。同年，還有由外國使節夫人所組成的「臺北市迎新會」也來參觀，並肯定宗博館在推動和平上的努力。由這裡可以看出社會各界對宗博館的認同與讚賞。

2、館內活動舉辦

　　除了一些為了生命教育舉辦的研習活動或是專為展覽期間所舉辦的相關活動外，宗博館內也舉辦過其他活動，例如二〇一〇年八月與靈鷲山般若文教基金會舉辦「用愛啟發智慧‧讓生命更加光彩」贈書記者會，贈送四萬七千五百冊書籍給法務部受刑人，協助法務部在各看守所推動生命教育之用。又如宗博館十週年館慶時於館內舉辦為期三天的「世界宗教博物館十週年國際研討會」，研討

世界宗教博物館十週年
國際研討會

議題包括「世界宗教博物館對社會變革性的影響」、「如何建立一座世界宗教博物館」、「世界宗教博物館形象的建立與未來推廣」等三大主題，各專家學者就博物館的規劃、管理、營運、行銷交換意見，提出具體的方針。顯示宗博館對社會議題和社會關懷上的努力也是不落人後。

3、舉辦與參與國際宗教交流活動

宗博館不只在國內推動交流，也積極參與世界各地的活動。心道法師在宗博館開館後的第二年，便在聯合國註冊一個國際非政府組織——「愛與和平地球家」（Global Family for Love and Peace，簡稱GFLP）以方便國際事務的交流、推動與進行，形成了「宗博館主內、GFLP主外」，對外事務以GFLP為主，宗博館為輔，兩者相互聯合以創造更大的能量來促進和宣揚心道法師愛與和平的美好願景。關於這一部分，我們將於《靈鷲山30週年山誌——國際交流篇》中再詳述其內涵，在此不贅。

二〇〇五年承辦第二屆以利亞
世界宗教領袖會議

肆、結語：宗博館的時代傳承，走向生命和平大學

　　走過十年歲月，宗博館「十年有成」是大家有目共睹的事實。宗博館也得到不少國內重要單位的肯定，如從二〇〇二年至二〇一一年連續十年榮獲內政部頒發「寺廟教會捐贈興辦公益慈善及社會教化事業績優表揚」團體獎；而從二〇〇四年至二〇一〇年連續四度獲頒第七到第十屆文建會「文馨獎——金牌獎」，肯定宗博館對於文化藝術的貢獻；另外，二〇〇五年和二〇一〇年宗博館也分別榮獲教育部頒發「九十四年度推展社會教育有功團體獎」以及「九十九年度社教公益獎」，另外，也曾榮獲臺北縣政府（現今新北市政府）頒發九十四年度「推展社會教育有功團體獎」以及九十八年度「臺北縣文化志工團體優等獎」，這些都是宗博館被國家社會肯定的表現，是宗博館努力奉獻的結果，也是宗博館感到自豪的成就與驕傲。

　　任何志業的推動與實踐，都不是一個人靠自己的力量就能夠成就的，是必須結合大眾的力量，匯集成一股強大的能量，才能有所成就，而這個成就也是屬於所有參與和付出的大眾。宗博館正是在這樣的思考基礎上，發展成為一個凝聚十方善緣力量的平臺，讓眾緣和合的力量通過宗博館的匯聚與發散，向全球宣揚「愛與和平」的理念，這股力量匯聚後所產生的成就，不僅是心道法師的，也是屬於所有支持與幫助心道法師落實「愛與和平」理念的大眾。

　　走過十年，宗博館帶給世人的不僅僅是作為一個展示或交流平臺而存在，更重要是其所呈現的價值理念和意

內政部長江宜樺頒發「寺廟教會捐贈興辦公益慈善及社會教化事業績優表揚」團體獎獎座，宗博發展基金會執行長了意法師代表領獎。

義，就像心道法師所說的：

「世界宗教博物館十週年最重要的意義，就是創造『尊重、包容、博愛』的和平基因，從民間社會延伸成一股生命覺醒的力量，從宗教界、學界、各領域啟發為社會運動，這股和平的力量，是宗博最可貴的精神。她讓心寧靜，和平的能量燃放轉化衝突，使一切仇恨的循環得以止息。」

而宗博館執行長了意法師則從宗博館這十年如何在具體行動上表現其所欲揭櫫的理念與行動意義：

「近十幾年來的跨宗教交流與對話活動中，無論是各宗教對宗博館文物的捐贈及理念的支持，或對人類共同

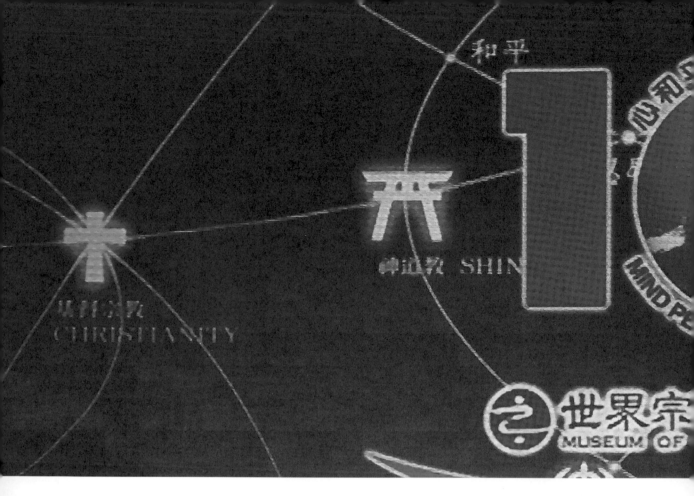

災難的救援，宗博館都扮演了平臺的角色，讓各宗教透過宗博館可以一起共同為人類生命救贖與奉獻。宗博館是以『愛與和平』的理念為起點來聚集更多的善緣及能量，作為串聯世界宗教進行交流與對話的基礎，未來也將持續不懈，繼續為打造一個充滿『愛與和平』的地球家而努力。」

的確，宗博館自開館以來，在推動宗教教育、生命教育以及宗教交流合作上的努力與貢獻是有目共睹的，其從宗教面向出發，關懷全人類的生活生命，以「愛與和平」作為主要的訴求，讓一座看起來占地不廣的宗博館，卻以不可思議的能量胸襟容納、展示了世界各大宗教的核心內涵，包括宇宙觀、起源、教義、儀軌、修道法門、布教生活方式，以及隱含在這些宗教表相背後的精神，這是宗博館無可取代的時代意義，也是其何以偉大的地方。

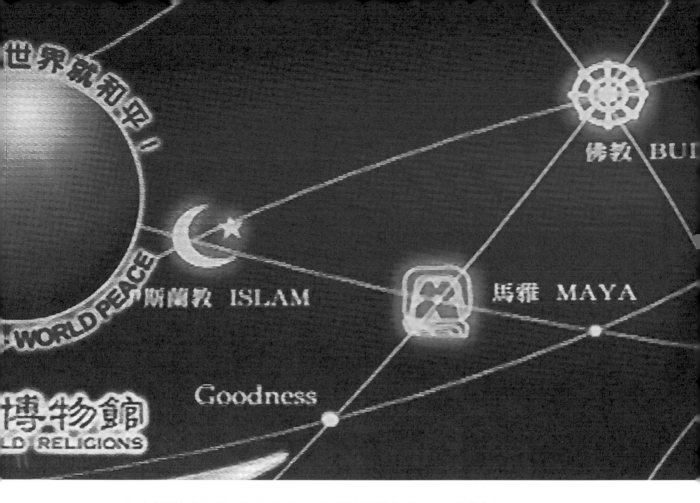

在宗博館十週年的晚會上，心道法師也許下了他對宗博館的未來期許：

「對於宗博的未來，我立下三個心願，願我們共同為人類的美好與地球的平安，繼續努力與奉獻：

一、讓宗博持續成為各宗教溝通對話的開放平臺，鼓勵進行各種實質的和平交流與合作。

二、創建生命和平大學，積極培育國際人才。

三、以宗博的理念，落實為生命教育，延伸為全球寧靜運動。」

現階段，宗博館作為宗教交流平臺和推動生命教育的重要堡壘的功能和定位已然確立、卓然有成；心道法師和其追隨者也將積極的心力投入興建「生命和平大學」。從心靈教育做起，讓人們瞭解到和平的真諦，進而能培養和平的種子散播到世界的每一個角落。

世界宗教博物館，不是傳統的宗教文化展覽館，它是一種時代精神、一種人類的精神象徵，是「愛與和平」的堅強推手，是「地球一家」的希望明燈！透過宗博館所凝聚的能量發散到地球每一個角落，讓人們能夠以「尊重、包容、博愛」的態度不斷地交流、溝通、互動，增加信任合作，減少對立衝突，最終成就「愛與和平」、「地球一家」的璀璨願景。

世界宗教博物館
MUSEUM OF WORLD RELIGIONS

國家圖書館出版品預行編目(CIP)資料

靈鷲山30週年山誌. 宗博志業篇 / 靈鷲山教育院彙編
　-- 初版.-- 新北市：靈鷲山般若出版, 2013.07
　　面；　公分
ISBN 978-986-6324-56-7(精裝)
　1.靈鷲山佛教教團 2.佛教團體
220.6　　　　　　　　　　　　　　102011354

靈鷲山30週年山誌/宗博志業篇

開山和尚 / 釋心道

總策劃 / 釋了意

彙編 / 靈鷲山教育院

圖片提供 / 靈鷲山攝影志工

發行人 / 歐陽慕親

出版發行 / 財團法人靈鷲山般若文教基金會附設出版社

地址 / 23444新北市永和區保生路2號21樓

電話 / （02）2232-1008

傳真 / （02）2232-1010

網址 / www.093books.com.tw

讀者信箱 / books@ljm.org.tw

法律顧問 / 永然聯合法律事務所

印刷 / 皇城廣告印刷事業股份有限公司

初版一刷 / 2013年7月

定價 / 新臺幣1800元（一套六冊）

ISBN / 978-986-6324-56-7（精裝）